Betty La Belle

Betty La Belle

Hässliche Gedanken trotz schöner Worte

Impressum

© 2010, 2015 Beate Klein
Zweite, korrigierte Auflage
www.mabeta.de
Alle Rechte vorbehalten
ISBN 9783839162866
Herstellung und Verlag: Books on Demand GmbH, Norderstedt

Inhaltsverzeichnis

Ach wie gut dass niemand weiß, ...

dass ich bin ein alter Greis

Moderne
Kontaktanzeige

Lid- OP und Falten glatt,
Botox- Stirn und Bauch ganz platt,
Schwabbelarme wieder fest.
Hyperglatt gezogner Rest.
Wangen hoch und Po gehoben,
Busen prall und wieder oben.
Haare nicht mehr farblos grau.
Neu erblüht als junge Frau
such ich einen reichen Mann,
der sich Jugend leisten kann.
BK 2009

ZUM 40STEN GEBURTSTAG

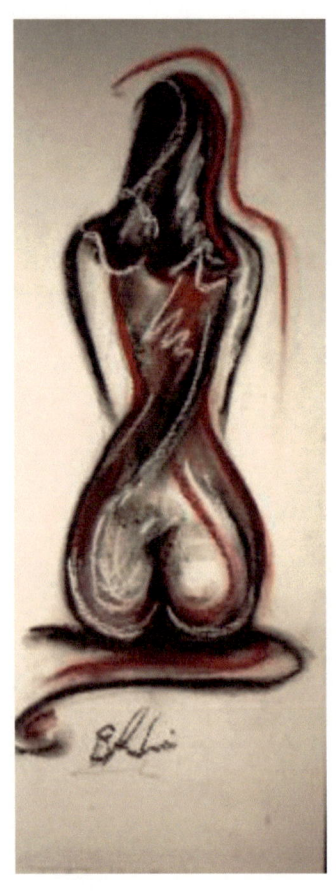

MÖGEN ALLE FALTEN DIESER
ALTEN
SCHNELL VERGEHEN
DAS WÄR SCHÖN

DOCH DIE 40, WELCH EIN
SCHRECK
DIE NIMMT DIR JETZT
KEINER WEG

ABER NOBLE MENSCHEN WISSEN,
DASS SIE UNTERTREIBEN MÜSSEN.
DARUM GRATULIEREN HEUTE
NUR ZUM 30STEN DIE LEUTE

DIE BALD SELBER 40 SIND
UND DANN RÄCHST DU DICH,
MEIN KIND
MIT 'NEM FIESEN SPRUCH DAFÜR,
DASS GELÄSTERT WURDE HIER.

DIE GOLDMARIE

Es waren einst zwei Schwestern. Die eine war wunderschön. Sie hatte pechschwarze lange Haare, wollüstige Lippen, faltige Haut und einen schwabbeligen undefinierbaren Körper. Die andere war eher hässlich mit ihrer blondgelockten Mähne, ihrem engelsgleichen Gesicht und ihrem unschuldigen Antlitz. Obwohl die hübsche Maid den ganzen Tag und die ganze Nacht im Bett verbrachte, hatte sie unendlich viele Verehrer, die sie umwarben.

Die hässliche dagegen fand kaum Beachtung, obgleich sie sehr fleißig war und Haus und Hof in Ordnung hielt. Nach getaner Arbeit saß sie oft vor dem gemeinsamen Häuschen und weinte, wenn die hübsche Schwester wieder einmal Männerbesuch empfing und sich um sie nicht einmal die Mücken kümmerten.

Dann träumte sie von ihrem Prinzen, der sie hoch zu Ross in sein Schloss entführt. Die Freunde ihrer Schwester kamen immer mit schweren Autos, Porsche, Ferrari etc und waren oft über und über mit schweren Goldketten behangen. Das gefiel der bösen Stiefmutter natürlich sehr, denn auch sie profitierte enorm von ihrer hübschen Tochter. Kaufte Champagner, Kaviar, Austern und diverses für die Verehrer und so manch sinnlosen Tand für sich selbst. Das hässliche Engelchen dagegen erhielt nur immer ihr abgeschnittenes Haar, um sich daraus Zwirn für ein neues Kleid zu spinnen.

Eines Abends setzte sie sich an den Brunnen vor dem Häuschen an ihr Spinnrad als ihr der erquickende Gedanke kam, sich das Leben zu nehmen. Beherzt sprang sie in den Brunnen. Sie fiel, fiel, fiel, fiel immer weiter, fiel stundenlang, schlug aufs Wasser auf, ging unter, war plötzlich klitschnass, hatte aber wieder Boden unter den Füssen. Durch ein Loch in der Wand kletterte sie ins Freie und befand sich auf einer wunderschönen Wiese. Glücklich machte sie sich auf den Weg, die Wiese zu erkunden. Sie war jedoch so hässlich, das die Blumen bei ihrem Ansehen, die Köpfe neigten und verwelkten und sich das Gras in die entgegengesetzte Richtung abwand. Als sie auf einen Apfelbaum zulief warf dieser vor

Schreck seine Früchte ab. Bestürzt sammelte das hässliche Kind die Äpfel auf, aus denen selbst die Würmer so schnell sie konnten flüchteten. Von weitem sah sie einen Brotofen und machte sich auf den Weg dorthin. Als sie ihn fast erreicht hatte hörte sie ihn rufen: „ Bleib bloß wo du bist, komm nicht näher, sonst fällt die Hefe wieder zusammen" So ging sie einfach weiter des Weges.

Stunden später kam sie an ein großes Haus. Es ging ihr fast bis zu den Knien und ein Riese öffnete die Tür, der sagte: „ Brr bist du hässlich, aber wenn du für mich arbeiten möchtest mache ich dich schön. Du musst nur immer die Plümmos aufpusten, damit es auf der Erde Schneestürme gibt, lass die Badewanne überlaufen, um

Flutkatastrophen zu schicken. Wenn du die Backofentür öffnest, kommt eine Dürre über die Menschen und läufst du immer um den Apfelbaum so gibt es auf der Welt eine Hungersnot." Das Mädchen war total begeistert und versprach sein bestes zu tun. Nach einem Jahr harter Arbeit sagt der Riese sie könne jetzt gehen, schmierte ihr Gold ins Gesicht worauf sie ganz viele schöne dicke Pickel bekam und schickte sie zurück nach Hause. Überglücklich kam sie zurück auf die Welt. Nun war sie der hübscheste Mensch auf Erden,

DENN SONST WAR KEINER MEHR DA.

Abschiedsbrief

Die letzten Wochen meiner Schulzeit waren alles andere als schön.

Plötzlich hatte ich keine Freunde mehr.

Auf dem Schulhof wurde ich nur gezankt und weg gejagt und habe ich mich einmal gewehrt so hat es eine Lehrerin gesehen und **ich** bekam den Ärger.

Alle meine Freunde hörten auf einmal nur noch auf einen, der mich nicht mehr leiden konnte.
Keiner war auf meiner Seite.

Nein Schule hat keinen Spaß mehr gemacht.
Immer hatte ich das Gefühl: **Ich mache alles falsch!!!**

Keinem konnte ich es recht machen.
Zu Hause hatte ich immer öfter schlechte Laune und an nichts mehr so richtig Lust.

Nachts konnte ich nicht mehr schlafen. Wenn ich in die Schule musste hatte ich Bauchweh und immer diese Kopfschmerzen. Meine Mutter und mein Vater haben oft geschimpft weil ich freche Antworten gegeben habe und keine Lust mehr hatte etwas für die Schule zu tun.

War etwas ungerecht haben sie sowieso immer dem Lehrer geglaubt und nicht mir.

Immer habe ich gedacht: Morgen wird es besser.

Vielleicht bin ich nicht der beste Läufer oder Sportler, aber ich gebe mein Bestes und es ist so gemein, wenn alle mich beschimpfen da sie wegen mir ein Spiel verloren haben oder ich in ihre Mannschaft gewählt werde.

Vielleicht bin ich anders als ihr, schüchtern, hässlich, krank, super intelligent, nicht so schlau, klein, groß, zu dick, zu dünn, vielleicht spreche ich nicht so gut eure Sprache oder sehe einfach anders aus.

Und von mir gibt es ganz viele. Und vielleicht ist es ja morgen schon einer von EUCH.

Denkt immer daran: Es hat sie immer gegeben, die Außenseiter, die sich die Augen ausheulen, wenn es keiner sieht und es wird sie immer wieder geben, wenn ihr ihnen keine Chance gebt dazu zu gehören.

WEHR DICH DOCH !

<u>Mein Freund!</u>

Hey du Arsch, du Blödian.
Du Überfluss an Größenwahn.
Lass mich endlich mal in Ruhe
und küss von heut an meine
Schuhe

Du glaubst du bist auf dieser Welt
ein megastarker Superheld.
Doch wer dich kennt- oh glaub es
mir:
Der hält nicht wirklich viel von dir

Hey du Wicht du Arschgesicht,
verpeste mir die Luft hier nicht.
Lauf ganz schnell und bleib nicht
stehen!
Ich will dich nur von hinten sehen.

Lauf ganz schnell zu deiner
Gruppe,
Du übergroße Aufziehpuppe.
Die nur ihr Maul aufreißen kann,
umringt von mehr als
20 Mann.

He du Wicht du Arschgesicht,
verschmutz mir meine Kleidung
nicht.

Nimm die Finger ganz schnell weg
behalte deinen miesen Dreck.

Und stellst du dich mir gegenüber,
Du superstarker Überflieger,
dann bist du plötzlich klitzeklein,
ein armes Würstchen- so allein

Denn ohne deine Superbande,
kriegst du nämlich nichts zustande

Dann rate ich dir halt die Klappe,
bevor ich dich alleine schnappe.
Sonst schlag ich einmal kräftig zu

!!! Ich warne Dich !!!

Lass mich in Ruh

schwarz

Schwarz

Dunkel!

Das Gefühl kommt immer erst im Dunkeln.

Dann wenn alles still ist.

Du liegst einfach so da und spürst schon das Kribbeln im Nacken, wenn sich langsam die Haare aufstellen.

Du hörst das eigene Herz schlagen, es klopft bald bis zum Hals und ein schwerer Eisenring schnürt dir die Brust.

Im Dunkel wenn die Schatten sich mit der Schwärze der Nacht vereinen, und die eigenen stummen Schreie verhallen, ist schwarz so unendlich schwer; man kann nicht mehr atmen, sich nicht regen.

Dann ist das Schwarz dick, träge, dunstig und zäh.

Wie sehr du dich auch anstrengst, der schwarze Nebel lähmt alle deine Bewegungen.

Du liegst einfach so da und hoffst, dass es bald vorbei ist, aber es hat erst angefangen.

Minuten werden unendlich lang, die Stille ist unerträglich und das Klopfen im Hals bringt dich fast um. Der schwere Eisenring hat sich nun auch um den Kopf gelegt wie ein Kissen, das auf das Gesicht gedrückt wird nimmt er deinen Atem, wird immer schwerer und schwerer, bald bekommst du kaum noch Luft, ringst nach Atem willst dich wehren. Weg, weg, nur weg hier.

Schwarz,
Stille,
Dunkel,
Nacht,
das Klopfen,
der Eisenring,
keine Luft.

Oh bitte lieber Gott: Ich muss hier weg! Ich muss mich bewegen.

Mit aller Kraft versuchst du aufzustehen,

wachst
auf
und
alles
wird
bunt.

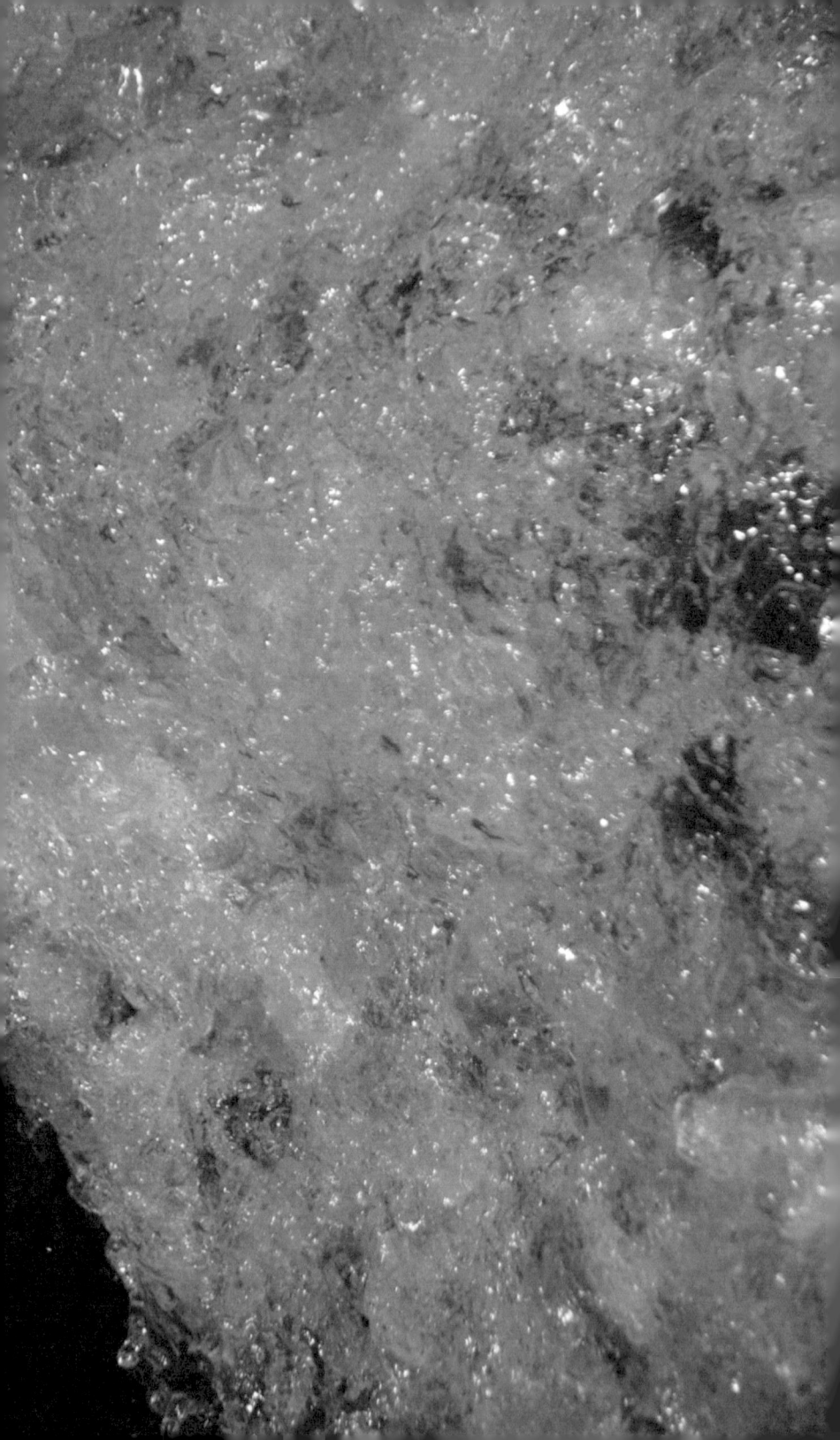

Wunderbarer kalter

Quell

Du wunderbares
frisches Nass.
Spritzig, sprudeliger
Spaß,
transparent und eisig
klar
bist du einfach
wunderbar.
In Stein den langen
Weg geflossen,
und jetzt in mein
Glas gegossen,
rinnst du meine Kehle
runter,
machst mich dabei
frisch und munter.
Krieg den Hals von
dir nicht voll
Sprudelwasser- du
bist toll!

(2005)

		EIN	WIND
			SAND
		EIN	KIND
		AN	LAND
	SAND	MIT	DELLEN
	IM	WASSER	WELLEN
		KINDER	TUSCHELN
		VIELE	MUSCHELN
	SONNE	WAR	HEISS
	SAND	FAST	WEISS
LANG	IST'S	SCHON	HER
SCHÖN	WAR'S	AM	MEER

(August 2002)

Hänsel und Gretel

Es war einst eine kleine Familie, die lebte am Rande Kölns. Der Vater war ein notorischer Fremdgänger und jetzt nach der Scheidung von Frau Dr. Lieblich, Schönheitschirurgin von Beruf, ein rechtschaffender Hartz IV Empfänger.

TROTZDEM WAR ES IHM GELUNGEN, ENDLICH EINE JÜNGERE, SUPER GUT AUSSEHENDE BLONDE SCHLAMPE AN LAND ZU ZIEHEN, DIE STÄNDIG NUR AUF DIE ROLLE WOLLTE UND GEMEINSAM MIT IHM DIE LIEBLICHEN UN-TERHALTSZAHLUNGEN DER FRAU DR. ZU VERJUBELN.

DIE ZWEI GRÄSSLICHEN KINDER AUS ERSTER EHE KONNTE MAN DABEI NATÜRLICH NICHT GEBRAUCHEN.

DIESE KOCHTEN STÄNDIG DIE LECKERSTEN GERICHTE, RÄUMTEN DIE WOHNUNG AUF, GINGEN EINKAUFEN, WAREN NIE UNARTIG UND STRITTEN SICH NICHT

DERWEIL LAG BLONDIE
IM BETT UND SCHLIEF
IHREN RAUSCH AUS.

DAS KONNTE SIE SEHR
GUT. ES GAB IN GANZ
KÖLN SICHER KEINEN
DER DAS BESSER
KONNTE. SIE LAG DEN
GANZEN TAG IM BETT,
SCHNARCHTE UND
BESCHWERTE SICH,
WENN DIE KINDER
BEIM STAUBSAUGEN
ZUVIEL LÄRM
MACHTEN.

DER VATER SAß
DERWEIL VOR DEM
FERNSEHER UND
TRANK SICH DIE SEELE
AUS DEM LEIB.

IRGENDWANN HATTEN
HÄNSEL UND GRETEL
DIE SCHNAUZE VOLL.
SIE PACKTEN SICH
DEN VATER UND DIE
STIEFMUTTER, ZOGEN
IHNEN WAS NETTES
AN UND NAHMEN SIE
MIT ZUM EINKAUFEN.

IN EINEM GROßEN
EINKAUFSZENTRUM
VERLOREN SIE, WIE
BEABSICHTIGT, ERST
DIE OLLE BLONDE AM
WÜHLTISCH UND
DANN DEN VATER IN
DER
DESSOUSABTEILUNG.

DIE KINDER NAHMEN SICH EIN TAXI UND FUHREN AUF VIELEN UMWEGEN NACH HAUSE.

DENN SCHLIEßLICH SOLLTEN DIE ELTERN SIE JA NICHT SO SCHNELL, IM BESTEN FALL:

GAR NICHT!

WIEDERFINDEN·

ALS DER LADEN SEINE
TÜREN SCHLOSS
FANDEN SICH BLONDIE
UND VATER WIEDER
VEREINT VOR DEM
HAUPTTOR. BLONDIE
WEINTE SEHR, DENN
SIE WÄRE GERNE NOCH
ETWAS GEBLIEBEN
UND HÄTTE AUCH
GERNE NOCH WAS
GEKAUFT.

SIE NAHMEN SICH AN
DIE HAND UND IRRTEN
GEMEINSAM DURCH
DIE STRASSEN. VON

EINER KNEIPE ZUR
ANDEREN. ALS SIE
VOLL EINEN IM TEE
HATTEN UND IN DER
LETZTEN KNEIPE IHRE
ZECHE NICHT MEHR
BEZAHLEN KONNTEN
KAMEN ZWEI BLAUE
HEXEN MIT HUT,
TRILLERPFEIFE UND
SCHLAGSTOCK IN
EINEM BLINKENDEN
WAGEN ANGERAUSCHT.
SIE NAHMEN DIE
BEIDEN MIT UND

SPERRTEN SIE IN
EINEN GROßEN
GERÄUMIGEN KÄFIG,
GABEN IHNEN ETWAS
ZU ESSEN UND
WARTEN NOCH HEUTE
DARAUF, DASS SIE
ENDLICH JEMAND
ABHOLT.

DENN LANGSAM
WERDEN SIE DEM
STAAT ZU TEUER.

DIE KINDER SIND ÜBRIGENS HEUTE TOPMODELS UND HABEN DANK IHRER MUTTER EINE GOLDENE NASE, DIE ZWAR SEHR GUT AUSSIEHT, ABER DOCH BEI MANCHEN GELEGENHEITEN ZU GANZ ÜBLEN VERLETZUNGEN FÜHREN KANN.

FRAU DR. LIEBLICH
STÖRT DAS NICHT IM
GERINGSTEN,

DENN DADURCH FÜHRT
SIE MIT DEN KINDERN
ZUSAMMEN EIN
GUTGEHENDES KLEINES

FAMILIEN-
UNTERNEHMEN

HERBST

OH HERBST
DU WUNDERBARE
ZEIT

FÄRBST ALLE
BLÄTTER WEIT
UND BREIT

LÄSST SIE IN
ALLEN FARBEN
WEHEN

MANCH EINER
BLEIBT VOR
STAUNEN
STEHEN

UM ZU
BEWUNDERN
DIESE PRACHT

OH HERBST
DAS HAST DU
FEIN GEMACHT

Ich hasse diese
Blätterträume.
Das viele Laub
der
Nachbarsbäume

Ich kann mich
fast nicht
mehr bewegen
vom
stundenlangen
Blätterfegen.

Vom Kehren,
Schaufeln,
Bücken,
Wühlen
kann kaum noch
meinen Rücken
fühlen

Hab ja sonst
nicht viel zu
schaffen
als auf
gefärbtes Laub
zu gaffen.

Ach hätt das
Wühlen doch
ein Ende
Ach käm doch
bald einmal die
Wende

Bin schon der
Verzweiflung
nah
Was grad war
weg ist wieder
da.

Der Wind der
fegt sie auf die
Wege
Sie sind stets
da auch wenn
ich fege

Wenn ich sie in
Säcke packe
Oder sie in
Stücke hacke
Sie fallen
ständig von den
Bäumen
Nachts muss
ich sogar davon
träumen

UND WELCH EIN
WUNDER, ÜBER
NACHT
HAT DER WIND
SIE WEG
GEBRACHT.

KEIN EINZIG'
BLATT IST MEHR
ZU SEHEN

UND ICH BRAUCH
NICHT MEHR
FEGEN GEHEN.

BK 2008

55

Ganz gleich

Ob eisig oder heiß,
ob braun gefärbt oder rein weiß
ob im Kaffee oder natur
sehr gern mag ich sie auch mal pur.

Ins Müsli sollte sie hinein,
auch in den Pudding muss sie rein.
Kakao wär ohne sie ganz trocken,
wir lieben sie zu Haferflocken.

Es trinkt sie gerne mancher Knilch

Die Milch!

NACHTRAG
HERBSTGEDICHT

OH HERBST
ES IST SCHON WIEDER
MAL SO WEIT,
FÄRBST BLÄTTER HIER
MIT EMSIGKEIT.
DIE ERSTEN FALLEN
SCHON VOM BAUM
ERNEUT BEGINNT DER
HERBST- ALPTRAUM.
MAN FEGT UND KEHRT
UND SCHÜPPT IM KREIS,
MAN DREHT SICH UM :
WAS FÜR EIN SCH...
DER WEG WAR DOCH
EBEN SCHON FREI,
UND SCHAUT EUCH AN
DIE SAUEREI,
DIE BLÄTTER WIRBELN
GELB ROT BRAUN
ERNEUT HERAB VOM
NACHBARSBAUM.
BK 12.09.2009

DER ALBTRAUM
IST NICHT MEHR
ZU BANNEN,
NUN RIESELN
AUCH NOCH
NACHBARS
TANNEN.
JETZT KOMMT
ZUM
BLÄTTERFEGEN-
SEGEN
AUCH NOCH EIN
TANNENNADEL-
REGEN.
ICH HAB DIE
SCHNAUZE
LANGSAM VOLL
OH HERBST, ICH
FIND DAS GAR
NICHT TOLL!

ICH GLAUB MICH
TRIFFT BALD
NOCH DER
SCHLAG
ES VERGEHT
KEIN EINZGER
TAG
OHNE KEHREN
OHNE FEGEN
JETZT SOGAR
AUCH NOCH IM
REGEN
DAZU HAB ICH
VON
BESENSTIELEN
AN DEN HÄNDEN
WUNDE
SCHWIELEN.
WERD BEIM
SCHÜPPEN
PITSCHENASS,
WELCH EIN
SPASS.
BK 07.11 2009

59

UND WELCH EIN WUNDER,
ICH GLAUBS KAUM
DAS LETZTE BLATT VIEL
GERAD VOM BAUM
KEIN EINZIGES IST JETZT
MEHR ZU SEHEN
UND ICH BRAUCH NICHT
MEHR FEGEN GEHEN.

WIE SCHÖN WAR DOCH DIE
SOMMERZEIT,
MIT BLÄTTERBÄUMEN WEIT
UND BREIT.
MIT GRÜNEM LAUB WOHIN
MAN SAH
DAS PARADIES, ES WAR
GANZ NAH
IM NÄCHSTEN JAHR WAS
FÜR EIN GLÜCK,
KOMMT DER BLÄTTERTRAUM
ZURÜCK
BK 2.12.2009

Fast jeder Mensch, so ist es Brauch,
hat es auch.

Der eine mag viel Stoff daran
worin er mächtig kuscheln kann
Der andere steht auf viel Leder
auf Latex, Lack und Daunenfeder.
Auf Holzdekor und schrille Töne,
Die Vielfalt ist auch hier das Schöne.
Jeder findets anders nett –

SEIN BETT

Oh Bett, du wunderbares 'Meins'
Was wär das Leben– Hätt ich keins.
Du kuscheliges Möbel – Du,
auf das ich bette mich zur Ruh.
Was würd ich machen ohne Dich?
Es ging mir sicher fürchterlich.

Oh Bett, du wunderbarer Kasten
gemacht zum Schlafen, Ruhen, Rasten.
Mit Wasser, Polster oder Feder;
aus Stoffen, Hölzern oder Leder.
Egal! Hauptsache du bist hier,
in meinem Zimmer dicht bei mir.

Oh Bett! Du wunderschöne Liege,
auf der ich in den Schlaf mich wiege.
Zum Kuscheln, Toben oder Ratzen
lieb ich Deine Plüschmatratzen.
Hier kann ich in den Schlaf mich retten
mit übergroßen Federbetten.
Dem Schlafgemach fehlte der Sinn:
stünd da nicht mein Traumbett drin.

Heilig Abend

Plätzchen backen
Päckchen packen

Stühle rücken
Christbaum schmücken

Fleisch klein schneiden
Ruhig bleiben

Tischtuch bügeln
Kinder zügeln

Auto waschen
Plätzchen naschen

Schnell noch tanken
Kinder zanken

Tisch eindecken
Teig abschmecken

Nüsse hacken
Kuchen backen

Fondue bereiten
Schöne Zeiten

Soße schäumen
Schnell aufräumen

Saft in Kanne
Badewanne

Haare tönen,
trocken föhnen

Kirche gehen
Endlos stehen

Lieder singen
Glöckchen klingen

Und zu Haus
Feuer aus

Kaminholz hacken
Brote backen

Sekt einschenken
Schönes denken

Kerze brennt
Mutter rennt

Gäste klingeln
Glöckchen bimmeln

Alle da
Wunderbar

Sekt einschenken
Schönes denken

Lieder singen
Gläser klingen

Kinderlachen
Fotos machen

Band zerbeißen
Geschenk aufreißen

Dann zum Essen
Stress vergessen

Oh du schöne
Weihnachtszeit
Auf die sich jedermann
so freut
Und sehn wir
Kinderaugen leuchten
Die unsere Augen
leicht befeuchten
Verspüren wir diesen
kleinen Schmerz
Und uns wird's richtig
warm ums Herz.

„Wenn Du denkst, du hast das Glück,
dann zieht die Sau den Arsch zurück.
Das nächst mal,
da bin ich schlauer,
und stell sie gleich vor eine Mauer."

Dort stopf ich all mein
Geld hinein
und mach mich auf
nach Liechtenstein.

Werd ich dadurch ein
großer Bänker!-
Geht's mir sehr gut
-und Deutschland
kränker.

Dann kann ich machen
was ich will,
die Leute um mich
halten still

Wenn ich dann ne
Million verlier,
zahlt mir der Staat 3,4
dafür

Es hört sich an wie
blanker Hohn,
die Politik nennts
Subvention

Es kriegt kein anderer
was vom Kuchen,
sollt er `s mit Ehrlichkeit
versuchen

Wenn Redlichkeit nen
Fehler macht, dann
fliegt sie raus, wird
ausgelacht.

Verlogenheit die hat gut
Lachen,
die kann ganz andere
Sachen machen.

Denn mach ich Schulden
nicht so schlimm.
Ein Kredit ist doch
immer drin.

Ich krieg mein Geld
doch immer wieder,
als übergroßer
Großmaulschieber

Am besten hab ich kein
Gewissen,
dann wird die ganze
Welt beschissen

Die Obrigkeit,
sie ist aalglatt,
macht Land und Leute
stetig platt.

Drum geh ich in die
Politik
und nehm dort auch
noch alles mit.

Hol meinem Volk fast
alles ab,
damit ich noch mehr
Knete hab

Die stopf ich in mein
Schwein hinein
und mach mich auf nach
Liechtenstein

Und sind die Konten
dort schon voll,
ich selbst find auch die
Schweiz ganz toll,

Und alles zahlt der
dumme Staat," Oh Gott
datt häste fein gemaat"

Das Haus, das Auto,
Flug und Reise!

**Der
kleine
Mann:**

**„Der
hätt ne
Meise"!**

DER KLEINE GRAUE FLITZER
EIN KLEINER GRÜNER KAKTUS

DER KLEINE GRAUE FLITZER BOG
QUIETSCHEND UM DAS ECK
HOLLA HI, HOLLA HO, HOLLO HO.

ICH WOLLTE GERADE WINKEN,
DA WAR ER PLÖTZLICH WEG
HOLLA HI, HOLLA HO, HOLLO HO

UND WENN EIN BÖSEWICHT
WAS UNGEZOGENES SPRICHT
DANN HOFF ICH DER MEINT MEINEN
GRAUEN FLITZER NICHT.

MEIN KLEINER GARUER FLITZER
STEHT DRAUSSEN VOR DER TÜR
HOLLA HI, HOLLA HO, HOLLO HO

ICH LIEBE DIESES AUTO
ICH KANN DOCH NICHTS DAFÜR
HOLLA HI, HOLLA HO, HOLLO HO

DOCH MANCHMAL SEH ICH SCHON
DIE BLICKE VOLLER HOHN

WENN ICH MIT MEINEM KLEINEN
GRAUEN SMART LANG TROHN.

DER KLEINE GRAUE FLITZER BOG
QUIETSCHEND UM DAS ECK
HOLLA HI, HOLLA HO, HOLLO HO.

ICH WOLLTE GERADE WINKEN,
DA WAR ER PLÖTZLICH WEG
HOLLA HI, HOLLA HO, HOLLO HO

DANN MACHT ES QUITSCH, QUIETSCH,
QUIETSCH, QUIETSCH!

NEULICH ZU HAUSE
UNTER DER BRAUSE,
DA KLINGELT'S PLÖTZLICH AN DER
TÜRE

ES WAR HERR KRAUSE
VOM NACHBARHAUSE
DER SAGT VERZEIHEN SE WENN ICH
STÖRE

IHR NEUES GRAUES AUTO
VERSPERRT DIE AUFFAHRT MIR
HOLLA HI, HOLLA HO, HOLLO HO

ICH WOLLT GERAD NACH HAUSE
DA STANDS VOR MEINER TÜR
HOLLA HI, HOLLA HO, HOLLO HO

ES IST ZWAR WINZIG KLEIN
ICH KOMM TROTZDEM NICHT REIN
DIE AUSFAHRT MEINES HAUSES IST ZU
KLEIN, KLEIN, KLEIN.

DRUM FAHRN SIE IHREN WAGEN
MAL SCHLEUNIGST WEG VON HIER
HOLLA HI, HOLLA HO, HOLLO HO

ICH WOLLTS JA NUR MAL SAGEN, DER
PARKPLATZ DER IST MIR
HOLLA HI, HOLLA HO, HOLLO HO

SO STAND ICH PITSCHENASS
UND IM GESICHT GANZ BLASS
DEN SCHLÜSSEL IN DER HAND
BIN ICH GERANNT,- RANNT- ,-RANNT.

DA FUHR MEIN KLEINER FLITZER
DOCH PLÖTZLICH VOR MIR WEG
HOLLA HI, HOLLA HO, HOLLO HO

ICH WOLLTE GERADE WINKEN,
DA BOG ER SCHON UMS ECK
HOLLA HI, HOLLA HO, HOLLO HO

Der kleine Wicht

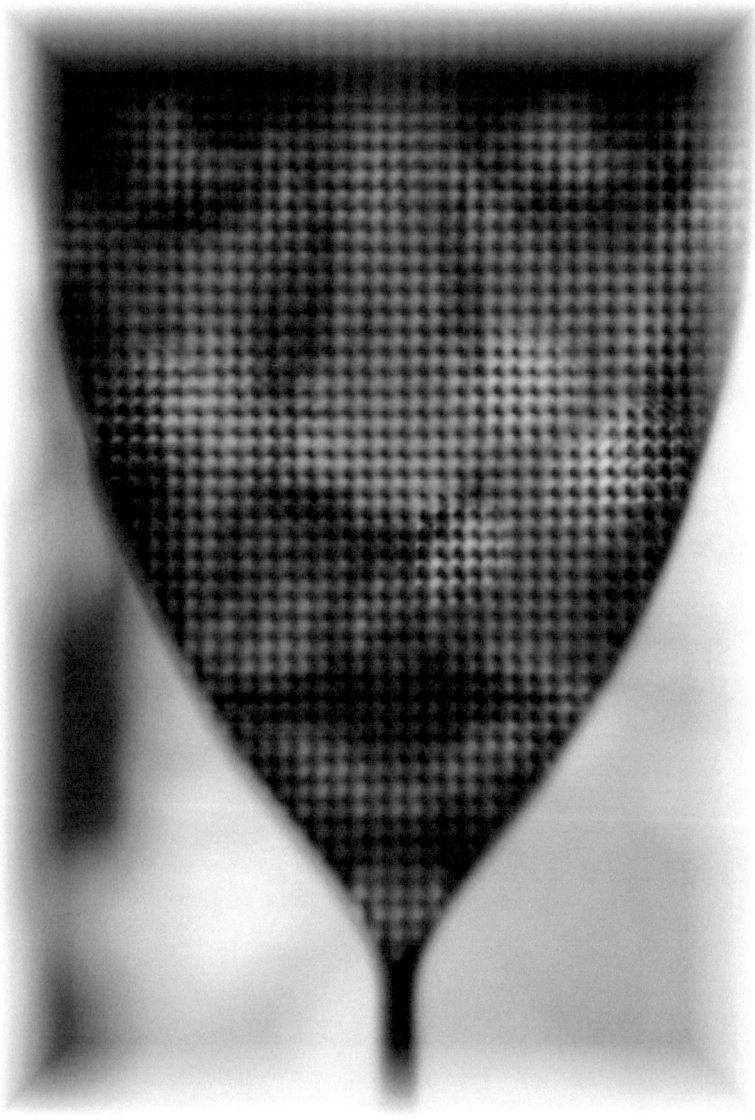

Dort steht ein kleiner Wicht.
Ganz ängstlich, nicht im Licht.
Er schaut in dein Gesicht,
doch Du, Du merkst es nicht.

Sein kleines Herz zerbricht.
Mit Tränen im Gesicht steht er vor Dir
im Licht.
Und Du, Du siehst es nicht.

Es ist doch deine Pflicht, wenn einer
vor Dir kriecht,
verstecke Dich doch nicht
und schau in sein Gesicht.

Zieh ihn zurück ins Licht.
Dann lacht der kleine Wicht
und fürchtet Dich auch nicht.

Er blickt in Dein Gesicht
Und strahlt vor Glück im Licht.

(11 Juni 2007)

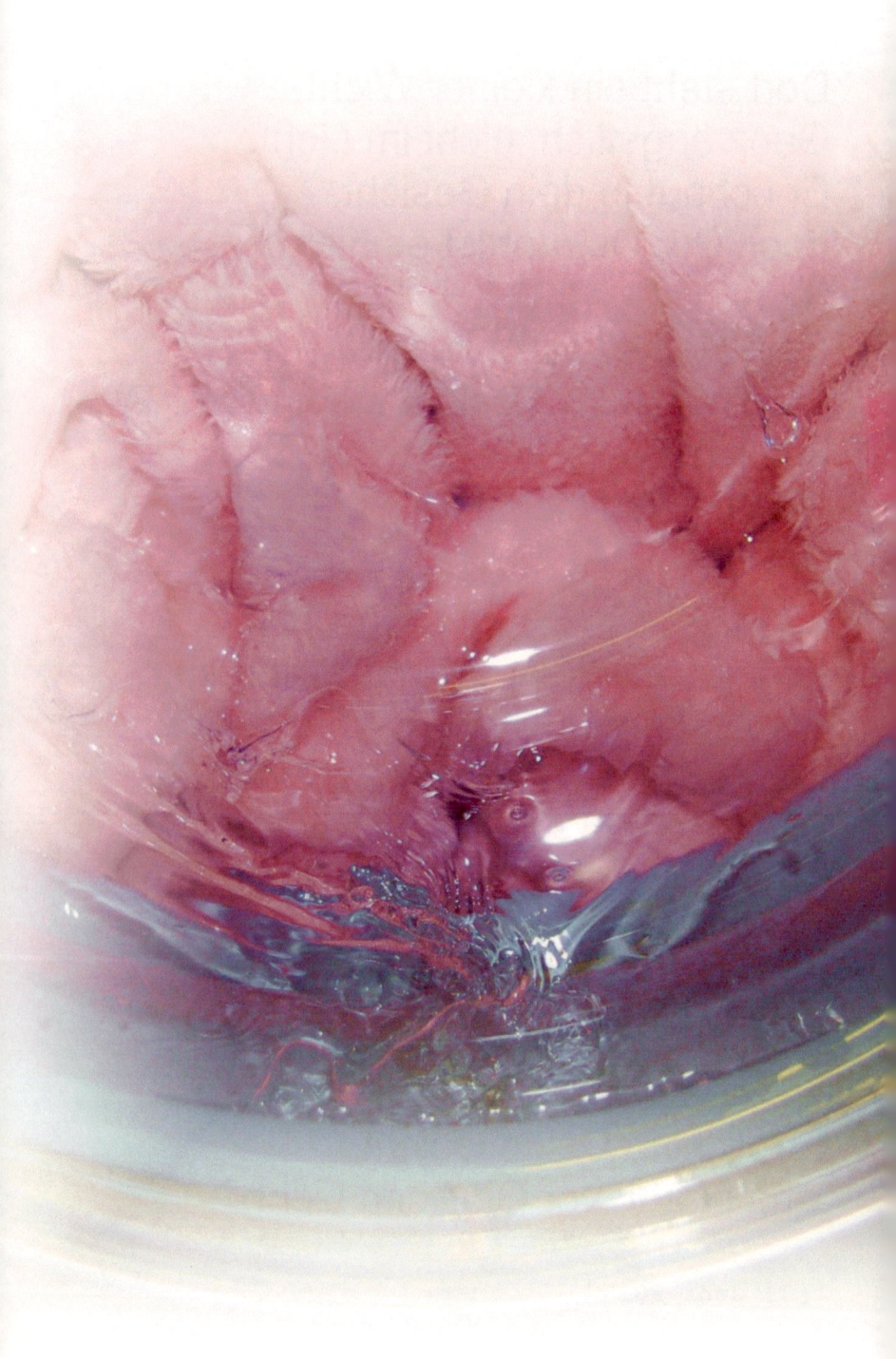

DIE WASCHMASCHINE

GESTOPFT WIRD IN MEIN GROßES AUGE
SCHMUTZIGES MIT WÄSCHELAUGE.
AUCH WENN ICH DREH MICH SCHNELL UND
SCHNELLER
DIE WÄSCHE WIRD DADURCH NICHT HELLER

ICH WIRBEL TAUSENDMAL IM KREIS.
MEIN WASSERBAUCH IST SCHON GANZ HEISS

DER VIELE SCHAUM NIMMT MIR DIE SICHT.
DOCH SAUBER WIRD DIE WÄSCHE NICHT.

MAN KANN HEUT VIELE MITTEL KAUFEN UND
DARIN SCHMUTZWÄSCHE ERSAUFEN.

NOCH WEIßER REIN, ALS REINES WEIßß
VERSPRICHT DIE WERBUNG; WELCH EIN
SCHEI... .

ANGEBLICH UND IM AUGENBLICK,
WIRD ALLES SAUBER OHNE TRICK.

ICH WÄR SCHON FROH, MIR WÜRD ES
REICHEN, WÜRD EINS DER MITTEL FLECKEN
BLEICHEN.

HOPPLA HUCH WAS FÜR EIN SCHEI...
DIE WÄSCHE WIRD NICHT MEHR SO WEIß.

MIR IST DAS WASCHEN JETZT VERGANGEN
SIE WIRD JETZT SCHMUTZIG AUFGEHANGEN

Vielen Dank an alle,

die mich in der
Entstehungsphase
ertragen mussten,

die sich ihr Essen selber
kochten, da ich keine
Zeit mehr für Sie hatte,

die mir ständig zuhören
mussten.

Vielen Dank

an meinen Mann, meine
Familie und meine
Freunde

und natürlich nicht
zuletzt

Vielen Dank

 an alle,
die sich durch mein
Werk gekämpft
haben.

ENDE

77